BEI GRIN MACHT SICH IHR WISSEN BEZAHLT

Rezensionen zu "Maria Montessori – Zehn Grundsätze des Erziehens" und "Inklusive Reggio-Pädagogik"

Bibliografische Information der Deutschen Nationalbibliothek:

Die Deutsche Nationalbibliothek verzeichnet diese Publikation in der Deutschen Nationalbibliografie; detaillierte bibliografische Daten sind im Internet über http://dnb.d-nb.de abrufbar.

ISBN: 9783346463043
Dieses Buch ist auch als E-Book erhältlich.

Druck und Bindung: Books on Demand GmbH, Norderstedt Germany
Gedruckt auf säurefreiem Papier aus verantwortungsvollen Quellen

Das vorliegende Werk wurde sorgfältig erarbeitet. Dennoch übernehmen Autoren und Verlag für die Richtigkeit von Angaben, Hinweisen, Links und Ratschlägen sowie eventuelle Druckfehler keine Haftung.

Das Buch bei GRIN: https://www.grin.com/document/1040612

Fachbereich Erziehungswissenschaften

Institut für Erziehungswissenschaft

Vergleichende Rezension

Maria Montessori – Zehn Grundsätze des Erziehens &

Inklusive Reggio-Pädagogik

Gliederung

1. Einleitung

Im Rahmen meines Studiengangs und der Vorlesung werden in dieser vergleichenden Rezension zwei Bücher vorgestellt, die zwei verschiedene theoretisch-praktische Herangehensweisen darlegen. Auch für Eltern und Erziehungsberechtigte kann dieser Beitrag als Unterstützung dienen, um die passende Erziehungsmethode auswählen zu können. Zugleich zeigt der Vergleich dieser zwei Bücher die Vielfältigkeit von Erziehungsmöglichkeiten und wie sich diese in Laufe der Zeit entwickelt und an die wandelnden Prozesse der Welt angepasst haben. Beide Bücher können Ähnlichkeiten aufzeigen, aber auch zugleich Unterschiede darlegen.

Im folgendem wird nach einer kurzen Vorstellung der Autorinnen der pädagogischen Ansätze, eine Zusammenfassung des Werkes wiedergegeben. Vorerst wird das Buch „Maria Montessori – Zehn Grundsätze des Erziehens" bearbeitet. Dabei werden die theoretischen Grundgedanken und die Methode(n) präsentiert, die den pädagogischen Ansatz und seine Essenz beschreiben. Darauf folgt das zweite Buch „Inklusive Reggio-Pädagogik", welches ebenfalls versucht das Werk und die dahinterliegende Intention wiederzugeben. Im zweiten Teil folgt eine Auseinandersetzung mit den Gemeinsamkeiten und Unterschieden dieser zwei Bücher sowie einige kritische Aspekte, die subjektiv dargelegt werden. Dazu werden mögliche Verbesserungsvorschläge vorgeschlagen und eine Empfehlung der Bücher gegeben.

2. Maria Montessori - Zehn Grundsätze des Erziehens

Becker-Textor, I. (Hrsg.) (2010): Maria Montessori - Zehn Grundsätze des Erziehens (3. Aufl.). Herder Verlag: Freiburg

Herausgeberin – Ingeborg Becker-Textor
Becker-Textor (geb. 1946) ist eine Dipl.-Sozialpädagogin und Dipl.-Pädagogin mit einem Montessori-Diplom. Jahrelange Erfahrungen hat sie in Kindergärten gesammelt und ist Autorin von Fachbüchern.

Maria Montessori – Biografie
Maria Montessori ist 1870 in Italien zur Welt gekommen. Sie ist als Einzelkind in einer wohlhabenden und liberalen Familie aufgewachsen. Neben Medizin studierte sie zusätzlich Pädagogik, Psychologie und Physiologie. Im Jahr 1922 wurde sie zum Regierungsinspektor aller Schulen Italiens ernannt. Ihre letzten Jahre verbrachte Montessori in Holland, wo sie mit 81 Jahren im Jahr 1952 verstarb (Munziger A.)

Inhalt

In dem Buch „Maria Montessori – Zehn Grundsätze des Erziehens" versucht die Autorin Ingeborg Becker-Textor die aus ihrer Sicht wichtigen Punkte der Lehren Montessoris kompakt darzustellen. Die Herausgeberin beginnt mit einem Vorwort, begleitend von einem Kapitel zum Leben von Maria Montessori und einem zweiten Kapitel zur eigentlichen Methode. Die ersten zwei und letzten zwei Kapitel zur Aufgabe der Eltern und das Schlusswort, sind die kleinsten Fragmente des Buches. Der Hauptteil und Kernstück der Arbeit spiegeln sich in den eigentlichen Grundsätzen wider.

Im Vorwort wird die Wichtigkeit und Bedeutung der Montessori-Lehrern beschrieben. Hier heißt es, dass die Texte und Schriften oft selbsterklärend sind und kaum besonders erscheinen. Kritisch betrachtet sich die Herausgeberin in dem Punkt, dass die Auswahl der zehn Grundsätze subjektiv gewählt wurde und keinesfalls das volle Werk von M. Montessori darstellen kann.

Im Kapitel „Maria Montessori – ihr Weg" wird der Werdegang von Montessori beschrieben. Im nächsten Kapitel „Maria Montessori – ihre Methode" schreibt die Herausgeberin, dass sie sehr feste Prinzipien über die Erziehung hat und diese an Aktualität nicht verloren haben sowie „im Erziehungsalltag nur unterstützen" können (S.21).

Freiheit

Becker-Textor beginnt mit dem Kapitel der Freiheit und fragt sich nach der Kombination von Freiheit und Disziplin und wie beides bei einem Kind funktionieren kann. Montessori erweitert die Definition des Wortes und spricht von einer „aktive Disziplin", mit einem „hohe[n] erzieherische[n] Prinzip", welches die Passivität vollkommen ausschließt (S. 32). Somit kann sich Becker-Textor. die Frage beantworten, da Montessori den Begriff für sich anders definiert bzw. ihn erweitert. Freiheit in Kombination mit Disziplin ist nicht institutionell begrenzt und richtet sich nach der Gesellschaft. Zugleich würde die Freiheit da aufhören, wo andere Schaden daran erleiden könnten. (S. 33).

Die vorbereitete Umgebung

Die Herausgeberin stellt sich in diesem Kapitel die Frage, was mit Umgebung gemeint ist und wo ihre Grenzen liegen. Nach Montessori ist damit die Umgebung des eigenen Kinderzimmers aber auch des Kindergartens gemeint. Sie verbindet auch die Unruhe des Kindes mit der falschen Umgebung und schreibt, dass die Welt für Erwachsene aufgebaut ist und Kinder sich erstmal anpassen müssen, um daran teilzunehmen (S. 48-54).

Der absorbierende Geist und die sensiblen Perioden

Mit einem absorbierenden Geist schreibt Becker-Textor, meint Montessori einen aufnehmenden Geist. In diesem Kapitel wird der Frage nachgegangen, wie ein Kind es schafft, alltägliche Auseinandersetzungen (z.B. das Erlernen der Sprache) zu überwinden, obwohl diese ihm nicht direkt gelehrt werden. Montessori schreibt dazu: „Dies alles vollbringt das Kind, in dem es schlicht und froh in den Tag hineinlebt, ..." (S. 65). Sie spricht von der Wichtigkeit der ersten Entwicklungsperiode des Kindes. Wir als Erwachsene sollten dafür sorgen, „dass das Kind in seinen sensiblen Perioden nicht unter Einschränkungen oder Störungen leidet, die die Tätigkeit des absorbierenden Geistes einschränken könnten" (S. 69).

Das Kind als Baumeister des Menschen

Zu Beginn des Kapitels stellt sich Becker-Textor die Frage, ob man mit der Aussage „Baumeister des Menschen" nicht das Kind über den Erwachsenen stellt. So ist die Meinung von Montessori, dass jedes Kind von Geburt an einen Plan hat, dem es folgt, um zu einem vollkommenen Menschen zu werden (S. 71). Die Eltern sollten die Rolle des Baumeisters hinter sich lassen und sich in der Rolle des Unterstützers wiederfinden, worin sich die Autorität widerspiegeln wird (S. 72ff.). Als Erwachsener hat man folglich als Aufgabe die Umgebung so aufzubereiten, dass das Kind alle seine Fähigkeiten dort entfalten kann (S. 75).

Die Polarisation der Aufmerksamkeit

Die Herausgeberin stellt sich in diesem Kapitel die Frage, ob Erwachsene Kinder nicht pauschal als unkonzentriert sehen. Sie befestigt ihre Aussage mit dem Argument, dass in Ratgebern für Erziehung und manchmal auch in der Ausbildungszeit, den ErzieherInnen gesagt wird, dass eine Beschäftigung für das Kind nicht länger als 30 Minuten andauern dürfte, da diese sich nicht länger konzentrieren könnten. Montessori widerlegt diese Aussage mit einer ihrer Praxiserfahrungen, indem ein Kind durchgehend und unaufgefordert eine einzige Übung gemacht hat, obwohl im Hintergrund mehrere andere Sachen passiert sind (S. 81). Auch als sie mit der restlichen Klasse andere Übungen durchgeführt hat, hat das eine Kind seine Beschäftigung nicht abgebrochen (S. 81). Die Herausgeberin schreibt, dass dieser pauschale Gedanke durch die Ungeduldigkeit und den fehlenden Respekt in der

Beobachtung der Erwachsenen kommen würde und Kinder mit wiederholten Übungen ihre „Selbstsicherheit" stärken wollen (S. 85).

Lernen mit der Drei-Stufen-Lektion

In diesem Kapitel geht es um die Drei-Stufen-Lektion von Montessori, die für die Verknüpfung von Wahrnehmung und Sprache angewendet wird. In der ersten Stufe geht es um das Vorzeigen und die Assoziation von Farbe und Gegenstand. In der zweiten geht es um die Erkennung nach der Benennung. In der dritten Stufe geht es um die Erinnerung (S. 91). Von Seiten der Erwachsenen ist in diesem Fall die Geduld zu erwarten (S. 94).

Die Lektion der Stille

Becker-Textor stellt sich die Frage, ob es sich bei Stille um eine grundsätzliche Annahme oder um eine pädagogische Aufforderung handelt. Montessori ist der Meinung, dass Kinder durchaus die Stille liebend gern praktizieren; dafür müsse man dem Kind Anstöße geben und es wird es ausführen (S. 89-101). Nach Montessori sollte Stille zur „Normalität" werden, ohne ein „Befehl" funktionieren und sich nicht (nur) auf die akustische Abschaltung beziehen, sondern auf „die Einstellung jeder Bewegung" fokussieren (S. 102).

Isolierung einer Eigenschaft im Material - Begrenzung des Materials

In diesem Kapitel geht es um ein Prinzip von Montessori, was das Ziel besitzt, „Klarheit bei der Differenzierung der Dinge" zu erlangen und damit das „Interesse am >Unterscheiden< " zu fördern (S. 107). Ein übermäßiger Bestand an vielen Spielzeugen, würde dem Kind große „Anstrengung" in der Signalverarbeitung bereiten (S. 112). Zusätzlich würde dies zu negativen Folgen im Kind und seinem Verhalten führen (S. 116).

Die neue Lehrerin

Die Autorin beginnt ihr Kapitel mit Montessoris Aufforderung nach der neuen Erziehungskraft, womit auch alle anderen erwachsenen Beteiligten gemeint sind. „Montessori fordert, dass sie schweigen statt reden muss, statt unterrichten muss sie beobachten, statt stolzer Würde muss sie Demut zeigen." (S. 117) Die Aufgabenbereiche der neuen Erziehungskraft kann man in drei Aspekte unterteilen. Im ersten Stadium soll sie ihr Augenmerk auf die umliegende Umgebung richten. Im zweiten Stadium für eine Umgebung sorgen, die die Konzentration der Kinder aktiviert. Im dritten und letzten Stadium geht es um die praktische und konzentrierte Ausübung der Tätigkeit vom Kind, in welche die Erziehungskraft sich nicht einmischen soll, um es nicht abzulenken (S. 121ff.).

Die Natur in der Erziehung

Einleitend in das Kapitel schreibt Becker-Textor über die Wichtigkeit der Natur als ein „Erziehungsprinzip", was auch Montessori zu ihren Zeiten erkannt hat. Die Pädagogin führt weiter aus, dass das Ziel nicht darin liegt sich in der Natur auszukennen, sondern auf natürliche Weise sein Leben zu führen. Heutzutage seien die Begegnungen vom Kind und Natur zu kurz. So schreibt sie, „dass das Leben des Feldes den kleinen Kindern besser entspricht, als die Philosophie und der Symbolismus von Blumen" (S. 140). Dementsprechend sollten wir Kinder nicht nur auf Blumen beschränken, sondern ihnen auch andere Natur-Arbeiten zutrauen. Zum Abschluss schreibt die Herausgeberin, dass wir als Erwachsene „die Natur zu einem Erziehungsinhalt in unserem Leben" machen und „in unserem pädagogischen Handeln" widerspiegeln sollten (S. 141).

Die Aufgabe der Eltern

In diesem letzten Kapitel wird noch mal wiederholt, wie wichtig die Rolle der Eltern für die Kinder und ihre Erziehung ist. Erziehungsberechtigte sollten mit „Offenheit und Bereitschaft" an die neue Art der Erziehung rangehen und „den Kampf um die Anerkennung der Rechte des Kindes" als persönliche Aufgabe ansehen (S. 144). Zuletzt spricht die Herausgeberin alle Beteiligten an der Erziehung an und listet zwölf Gebote auf, was für eine fördernde Entwicklung des Kindes in der Umgebung geleistet werden soll (S. 145ff.).

Schlusswort

Zum Schlusswort schreibt Becker-Textor, dass alle zehn Grundsätze subjektiv von ihr gewählt und interpretiert wurden. Mit diesen Grundsätzen war ihr Ziel den LeserInnen eine mögliche Interpretation von der Montessori-Pädagogik zu geben und Anreize für neue Erziehungsmethoden vorzustellen.

3. Inklusive Reggio-Pädagogik

Jobst, S. (2007): Inklusive Reggio-Pädagogik. Projekt Verlag: Bochum/ Freiburg

Sabine Jobst absolvierte an der Hochschule Fulda den Studiengang Sozialpädagogik und studierte dazu an der Johann Wolfgang von Goethe-Universität in Frankfurt am Main Soziologie.

Die Reggio-Pädagogik wurde am dem Jahr 1970 von Loris Malaguzzi unterstützt und weiterentwickelt. Er wurde im Jahr 1920 in Italien geboren und absolvierte das Lehramtsstudium. Er ist unter anderem Gründer eines Volkskindergartens und mehrerer anderer Einrichtungen und bereiste ebenfalls andere Länder, um seine Methoden vorzustellen. Im Jahr 1994 ist Malaguzzi verstorben.

Einleitung

Sabine Jobst erzählt in der Einleitung, dass sie durch ihren Studiengang angefangen hat sich mit der Inklusion in der Reggio-Pädagogik auseinanderzusetzen. Die Motivation, dieses Buch zu veröffentlichen, lag daran, dass im deutschsprachigen Raum dieser pädagogische Ansatz kaum mit Inklusion verbunden wird. So möchte die Autorin Aspekte ausfiltern und aufzeigen, wie inklusiv der Reggio Ansatz ist. Für diesen Themenschwerpunkt nutzt sie das ‚Index für Inklusion' für Kindertageseinrichtungen. Die Autorin unterscheidet den Erfahrungsbestand von Italien und Deutschland, da Italien viel mehr und länger Kinder mit und ohne Behinderung zusammen unterrichtet hat als Deutschland.

Historische Entwicklung der Integration im Elementarbereich in Deutschland und Italien

Deutschland

In Deutschland hatte man damals sehr strikt Kinder mit und ohne Behinderung getrennt, wodurch ein stetiger Ausbau von Sonderschulen stattfand (ca. 1960-1975). Das Problem war, dass die gesetzten Ziele der Sondererziehung nicht dafür gesorgt haben, dass alle Kinder den Regelkindergarten oder die allgemeine Schule besuchen konnten wodurch Sozialisationsproblemen und stigmatisierenden Ansichten gegenüber Behinderten folgen. Die ersten Schritte zur Behebung dieser Diskrepanz starteten hauptsächlich von Einzelinitiativen und Eltern und gründeten unter anderem Projekte für eine bessere Zukunft der jüngeren Gesellschaft. Später haben diese sich zu einer Bundesarbeitsgemeinschaft (1985) zusammengetan (S. 15). Wissenschaftliche Unterstützungen kamen durch die Bildungskommission des deutschen Bildungsrates (1973) und sorgten für das erste offizielle Schreiben, das die gemeinsame Betreuung in Kindergärten anerkannte. Durch gesetzliche Regelungen im SGB VIII (1991) wurde es zum Ziel jedes Kindergartens Kinder mit und ohne Behinderung(en) zu fördern und ein einheitliches Erziehungskonzept für alle Kindergärten zu verwenden (s. 20ff.).

Italien

Die Bestrebungen nach Integration in Italien begannen in den sechziger Jahren, jedoch mit dem Ausgangspunkt der Politik, gegen welche die Gesellschaft protestiert hat und die autoritären und hierarchischen Systeme auflösen wollte. Ende der siebziger Jahre entstanden Gesetz zum Verbot der geschlossenen psychiatrischen Einrichtungen, was folglich zur Annullation der Sonderschulen führte (S. 22f.). Durch die gesetzliche Unterstützung der Gesundheitsreform sollten die „schulmedizinischen Dienste in den öffentlichen und privaten Schulen alle Typen und Grade (…) gewährleistet und mit allen Mitteln die Integration der behinderten begünstigt" werden (S. 24). Loris Malaguzzi sprach sich für einen einheitlichen pädagogischen Ansatz aus und in der Politik wurde es zum Ziel eine „wohnortnahe Integration" zu ermöglichen (S. 25). Die ErzieherInnen haben bei Bedarf interdisziplinäre Unterstützung aus verschiedenen Bereichen erhalten, wodurch fast schon eigenes Arbeitsfeld sich herauskristallisiert hat. Die Autorin fragt sich warum gerade in Italien, der Reggio-Ansatz ins Laufen gekommen ist. Dies würde an den „geschichtlichen und kulturellen Wurzeln", dem „Engagement für die Rechte aller Menschen", „Liebe zur Innovation" und dem „Verantwortungsbewusstsein" liegen (S. 28). Noch zu Kriegszeiten war die Ausbildung einer demokratischen Grundlage, sowie die Sicht auf die Kinder ein sehr wichtiger Bestandteil in der Geschichte (S. 29ff.).

Der Index für Inklusion

Der Index für Inklusion für Kindertageseinrichtungen hat das Ziel die Inklusion in pädagogischen Institutionen zu fördern und Diskriminierung zu verhindern/ zu minimieren. Es handelt sich um die Inklusion aller Beteiligten an der Erziehung, die durch reflexive Arbeit Methoden für Partizipation der Kinder finden und anwenden sollen (S. 34f.)

Die drei Dimensionen des Indexes für Inklusion

Die drei Dimensionen unterteilen sich jeweils noch mal in zwei einzelne Abschnitte. Bei der Dimension A handelt es sich um die Entwicklung inklusiver Kulturen, in der durch gemeinsame Gestaltung die Praxis des Alltags bestimmt wird. Einerseits geht es um die Bildung der Gemeinschaft, andererseits um Verankerung inklusiver Werte. Dimension B beschäftigt sich mit der Anpassung der Leitlinien. Zum einen geht es um die Entwicklung einer Institution für alle Beteiligten zum anderen um organisierte

Unterstützung von Pluralität. In der Dimension C geht es um die Entwicklung einer inklusiven Praxis. Die Abschnitte teilen sich in die Gestaltung der Lern- und Spielaktivität sowie die Mobilisierung von Mitteln auf (S. 34f.).

Der Indexprozess

Der Index Prozess läuft in fünf Phasen ab und bezieht alle Beteiligten mit ein. In der ersten Phase wird die Indexgruppe gebildet und innerhalb dieser werden Begrifflichkeiten aufgeklärt und Materialien besprochen. In der zweiten Phase wird sich mit der Situation der Einrichtung auseinandergesetzt. In der dritten Phase geht es um die Planung und Ressourcenvorbereitung. Die vierte Phase ist die Zeit der Umsetzung all der zuvor geplanten Vorgehensweisen, in der parallel Veränderungen vorgenommen werden können. In der fünften und letzten Phase geht es um die Evaluierung und Reflexion. Dieser Fünf-Phasen-Prozess ist dafür gedacht, dass alle die das Thema angeht, mit in die Gestaltung integriert werden und keiner auf irgendeine Weise Benachteiligung erleben muss (S. 35f.).

Inklusive Reggio-Pädagogik

Die Autorin leitet das Kapitel mit der am Anfang des Buches gestellten Frage ein: Inwieweit kann sich Inklusion in der Reggio-Pädagogik widerspiegeln? Sie führt weiter aus, dass die Reggio-Pädagogik sich durch die Einbeziehung von Kindern, ErzieherInnen und Eltern unterscheidet und das Resultat durch eine gemeinschaftliche Mitarbeit erlangt wird. Der Ausgangspunkt ist das Bild des Kindes (S. 37).

Anthropologische Grundlage – Das Bild vom Kind

Nach der Reggio-Pädagogik bringt das Kind, gleich zu Beginn seiner Geburt, bestimmte Fähigkeiten und Fertigkeiten mit, egal, ob mit oder ohne Beeinträchtigung(en). Es kann beobachten und auf seine Weise kommunizieren. Die nächsten drei Abschnitte finden ihren Schwerpunkt aus dem Zitat von Malaguzzi (S. 38).

Das Kind als eifriger Forscher

Die These, dass ein Kind ein geborener Forscher ist, leitet Malaguzzi daraus ab, dass nach jeder neuen Entdeckung das Kind in Freude und Spaß verfällt. Er möchte pausenlos neue Sachen entdecken, ohne dass es jemand dafür auffordert (S. 38f.)

Das Kind verfügt über hundert Sprachen

Die Zahl hundert ist in diesem Sinne bildlich gemeint und nicht nur auf die sprachliche Kommunikation begrenzt, wodurch auch im Kindesalter zwischenmenschliche Beziehungen entstehen können. Nach der Reggio-Pädagogik hat jedes Kind „Recht auf Kommunikation" und „besitzt den gleichen Stellenwert wie alle anderen Sprachen", was wir als Erwachsene nicht immer verinnerlichen können (S. 39ff.).

Das Kind als Konstrukteur seines Wissens

Nach der Reggio-Pädagogik ist jedes Kind ab seiner Geburt in der Lage sein soziales Leben selber zu bilden und zu entwickeln. Diese Bildung und Entwicklung passiert in zwischenmenschlichen Beziehungen und ist ein kontinuierlicher Erfahrungsprozess. Es gibt somit kein bestimmtes Wissen, was die Lehrkraft dem Kind übermittelt, sondern das Kind filtert strategisch für sich sein Wissen aus und bildet seine eigenen Ansichten (S. 43ff.).

Die Bedeutung von Unterschieden

Die Autorin möchte im Folgendem auf die Unterschiede eingehen, die in der Reggio-Pädagogik stattfinden.

Unterschiede und Identität

Die Autorin schreibt, dass die Unterscheidung in der Reggio-Pädagogik dazugehört und für die Identitätsbildung der Kinder vorteilhaft ist. Die Differenzierung beschränkt sich nicht nur auf das Vorhandensein von Beeinträchtigungen, sondern ist sehr universell (S. 49f.).

Unterschiede als Ressourcen für den Erziehungs- und Bildungsprozess

In diesem Kapitel macht die Autorin durch eine Praxiserfahrung klar, dass Unterschiede, egal welchen Bereich sie betreffen, in der Reggio-Pädagogik sehr willkommen sind. Diese gemeinsame Erziehung von unterschiedlichen Kindern sorgt dafür, dass zukünftig Erwachsene entstehen, die frei von jeglicher Diskriminierung sind und dazu den Umgang mit andersartigen Menschen kennen (S. 51).

Die Rechte der Kinder

Loris Malaguzzi stellte zu seinen Zeiten drei spezifische Rechte für das Kind auf. Kinder haben ein Recht auf individuelle Ausbildung ihrer eigenen Identität und parallel auf zwischenmenschliche Beziehungen (S. 55). Der zweite Anspruch bezieht sich auf das Recht Antworten auf Fragen zu erhalten, aber auch soziale Kompetenzen zu erwerben. Das dritte Recht unterstützt die Nicht-Unterbrechung des Lernprozesses und soll für eigenständige Lösungsvorschläge des Kindes führen (S. 56f.).

Pädagogik der Beteiligung

Zu Beginn dieses Kapitels spricht Jobst über die Wichtigkeit der Beteiligung aller Menschen an dem Prozess. Die Meinungsverschiedenheit ist bei diesem Ansatz nichts Negatives, sondern soll im Dialog zu Lösungsansätzen für alle führen. All das ist ein Zeichen für Demokratie, Meinungsfreiheit, Partizipation und Reflexion, was für eine neue und bessere Gesellschaft in der Zukunft sorgen soll. Die Leitung der Reggio-Institutionen ist demzufolge interdisziplinär und nicht-hierarchisch (S. 58ff.).

Pädagogik des Zuhörens

Die Lehrkraft soll die Fähigkeit haben zuzuhören und als Begleitung an der Seite des Kindes stehen. Sie soll interpretationsfähig sein und in einer stetigen Lernbereitschaft stehen, um neue Ausdrücke zu erlernen (S. 62f.). Während des Zuhörens soll Respekt und Gleichstellung vermittelt aber auch auf individuelle Bedeutungen jedes Kindes geachtet werden (S. 64f.).

Die Dokumentation

Nach einer ausführlichen Evaluation mittels verschiedener Methoden können Erziehungskräfte die gesammelten Materialien dafür nutzen, das Kind besser zu verstehen. Diese Informationen sind jedoch nur Momentaufnahmen, die immer weiter fortgeführt werden müssen, um das Beste für das Kind zu ermöglichen (S. 67ff.). Die Aktualität dieser Dokumentation ist sehr wichtig um die Entwicklung des Kindes festhalten zu können und die Fortschritte chronologisch zu erkennen. Auch für sich persönlich haben ErzieherInnen und Kinder die Möglichkeit über ihre Arbeiten und Verhaltensweisen sich selber zu reflektieren und daran zu wachsen (S. 68-72).

Die tägliche Strategie

In der Reggio-Pädagogik teilt sich der Alltag in drei Schritte ein. Dazu gehören die Beobachtung, Interpretation und Dokumentation. Die Autorin möchte aufzeigen, wie diese drei Schritte die Inklusion in die tägliche Praxis mit einbeziehen.

Projektplanung contra Lehrplan

Das Kind, wie schon zuvor beschrieben, hat die Fähigkeit sich in mehreren Sprachen zu artikulieren und mitzuteilen. Es geht davon aus, dass die Erwachsenen diese Sprache nachvollziehen können. Demzufolge gibt es in der Reggio-Pädagogik „kein festgelegtes Curriculum" und keine „Stundenpläne", da alle praktischen Ausübungen aktuell und individuell an die Situation des Kindes angepasst werden (S. 77f.).

Erziehungskräfte und andere Beteiligte erstellen nur einen ungefähren Jahresplan, der zum größten Teil wandelbar ist und die Kinder auch wieder verändern können (S. 78f.).

Lernen als Gruppenaktivität

In diesem Kapitel spricht die Autorin über die positiven Aspekte der Gruppenarbeit. In gemeinschaftlichen Beziehungen kann „soziales, kommunikatives und kognitives Verhalten erlernt" werden, „die Beziehungen untereinander„ gestärkt und „die Meinung ihrer Freunde erfahren" werden, um folglich „ihre eigenen Standpunkte zu vertreten" (S. 82f.).

Lernprozess kontra Endprodukt

Der Prozess der Bildung findet in dem zwischenmenschlichen Austausch von Kindern und Erwachsenen (Dialog). Den Kindern wird alle Zeit gegeben, die sie brauchen, um auf ihr gewolltes Ergebnis zu kommen. Dabei steht der „Lernprozess des Kindes über das Wissen an sich" (S. 88). Die Möglichkeit, in seinem Tempo die Prozesse zu durchlaufen zeigt die Inklusionsfähigkeit dieses pädagogischen Ansatzes (S. 90).

Der Raum als dritter Erzieher

In der Reggio-Pädagogik ist der Raum ein Ort für Interaktionen, aber auch ein Ort, der seine eigene Sprache besitzt und für alle Beteiligten Entwicklungsprozesse anregen soll. Er soll Anregungen schaffen, interessant sein und keine Hindernisse bereiten (S. 92ff.). Mit dem Raum sind zugleich auch alle darin beinhaltenden Gegenstände gemeint, die ebenfalls motivierend und barrierefrei sein sollten (S. 96f.).

Gemeinwesen und Eltern

In diesem Kapitel spricht die Autorin über die zuvor genannten Ressourcen, die erst mal vorhanden sein müssen, um die Partizipation von Kindern mit Beeinträchtigung(en) und allem Sonstigen was dazugehört zu ermöglichen. Es geht um die „Zusammenarbeit mit dem Gemeinwesen" und „Kooperation mit der Stadt", damit die komplette Gesellschaft an den Bildungsprozessen der Kinder teilnimmt (S. 100). Die Eltern beteiligen sich ebenfalls, indem sie z.B. bei der Einschulung des Kindes bestimmte Fragen an die Erziehungskräfte beantworten. Die Informationen werden an das ganze Personal im Haus verteilt, egal ob es die Koch- oder Reinigungskräfte sind, um die bestmöglichen Kenntnisse über das Kind zu erlangen (S. 103).

Schlussbetrachtung

In diesem Kapitel geht die Autorin noch mal auf die für sie wichtige Punkte ein. Sie erwähnt, dass sie sich an dem Index für Inklusion gerichtet hat und man schlussfolgernd sagen kann, dass die Reggio-Pädagogik an dem Bild vom Kind orientiert ist. Das Kind sei ein Wesen mit eigenen Fähigkeiten und Fertigkeiten und artikuliert sich in mehreren Sprachen. Sie spricht von der Gleichberechtigung der Kinder mit und ohne Beeinträchtigung(en) und alle möglichen Unterschiede positiv sind. Die Rolle der Erziehungskräfte liegt darin die Kinder zu beobachten, interpretieren und danach zu dokumentieren. Die Teilhabe an der Kindesentwicklung sollte von allen Menschen unterstützt werden. Das Kapitel beendet sie mit einem Zitat, welches besagt, dass die Reggio-Pädagogik als vierter Ansatz im Elementarbereich angesehen werden sollte (S. 108ff.).

4. Vergleich und Kritik der beiden Werke

Im Folgenden werden einige Gemeinsamkeiten und Unterschiede aufgezeigt, die sich einerseits auf die Ansätze an sich beziehen und andererseits die Art und Weise der Aufbauten der Bücher betreffen. Die subjektiv gewählten Kritikpunkte und möglichen Veränderungsvorschläge werden den einzelnen Passagen begleitet zugefügt. Zu erwähnen wäre, dass durch den individuellen Aufbau jedes Buches, nicht ganz direkt alle Gemeinsamkeiten dargelegt werden können. Vom Kontext und der Zielsetzung der jeweiligen Ansätze sind sie diese sich jedoch sehr ähnlich.

4.1 Gemeinsamkeiten

Die größte Gemeinsamkeit spiegelt sich wahrscheinlich im „Bild vom Kind" wider. Becker-Textor und Jobst halten dies nicht nur schriftlich in fest, sondern ziehen diesen Grundgedanken über die ganzen Werke durch. Weiter kann man feststellen, dass beide Autorinnen die Umgebung des Kindes als wichtig ansehen. Becker-Textor bezieht sich hierfür im Kapitel „Die vorbereitete Umgebung" und Jobst im „Der Raum als dritter Erzieher". In den Kapiteln „Das Kind als Baumeister des Menschen" (Becker-Textor und „Anthropologische Grundlage – Das Bild vom Kind" und „Das Kind als Konstrukteur seines Wissens" (Jobst) können ebenfalls gemeinsame Ansichten gefunden werden, da beide das Kind seit seiner Geburt als vollkommen und mit Fähigkeiten und Fertigkeiten ansehen. Im Kapitel „Die neue Lehrerin" (Becker-Textor) und „Pädagogik des Zuhörens" (Jobst) finden sich gleiche Aufgaben für die Erwachsenen, die sie gegenüber dem Kind erfüllen sollen. In Bezug auf das Thema der Erwachsenen kommt in beiden Werken immer wieder Wichtigkeit ihrer Handlungsstrategie zum Vorschein. Zum Schluss würde ich noch die Ähnlichkeit der Kapitel „Die Aufgabe der Eltern" (Becker-Textor) und „Gemeinwesen und Eltern" (Jobst) erwähnen, da in beiden sehr direkt die Rede von der Mitbeteiligung an den

Entwicklungsprozessen der Kinder ist. Insgesamt sind die Ansätze sich sehr ähnlich um vom Kontext her können viele Gemeinsamkeiten entdeckt werden. Beim Vergleich der Aufbauten der Bücher, stoßt man meiner Meinung nach auf wenige bis kaum Gemeinsamkeiten. Wenn man etwas Gleiches finden wollen würde, dann wäre es, dass beide Autorinnen mit Zitaten gearbeitet haben und sich kaum bis gar nicht der kritischen Perspektive der Ansätze widmeten. Demzufolge konnte man die positiven Aspekte schlecht beurteilen, bzw. belegen. Zum Thema Belegen wäre noch zu sagen, dass beide nicht mit wissenschaftlichen Studien gearbeitet haben. Bei Montessori basiert hauptsächlich alles auf Beobachtungen und bei Jobst vertraut man lediglich auf den Index der Inklusion und ebenfalls der Betrachtung kindlicher Prozesse. Was mir persönlich in beiden Werken gefehlt hat ist der aktuelle Stand der Institutionen und vielleicht sogar die Kosten solcher Kindergärten. Man müsste es nicht lange ausführen, aber für eine Entscheidungshilfe der Eltern würde es nicht unbedingt schaden. Ebenfalls haben beide kaum bis gar nicht die Genderformen verwendet.

4.2 Unterschiede

Was die Ansätze an sich angeht, habe ich persönlich keine gravierenden Unterschiede gemerkt, die sich von Grund auf unterscheiden. Was möglich wäre zu dem Thema zu sagen ist, dass Montessori einen wichtigen Punkt in die Natur legt („Die Natur in der Erziehung"). Sonst hat sie auch Themen bearbeitet, die zwar im Buch von Jobst nicht vorkommen, aber höchstwahrscheinlich ebenfalls eine Rolle spielen („Freiheit"; „Der absorbierende Geist und die sensiblen Perioden"; „Die Polarisation der Aufmerksamkeit"; Lernen mit der Drei-Stufen-Lektion"; u.a.). Im Gegensatz zu Montessori, die einige ihrer Theorien von anderen abgeleitet hat oder menschliche Prozesse mit tierischen verglich, hat Jobst durch das Verwenden des Indexes eine menschennähere Darlegung geleistet (Meinungssache). Die gewählten Zitate von Jobst waren ebenfalls nicht so kritisch in der Sprache, wenn es um andere Erziehungsmethoden ging, im Vergleich zu den Texten von Montessori. Was Jobst Werk stärker miteinbezieht ist die Inklusion. Dies ist aber verständlich und an dem Titel sofort erkennbar.

Die Aufbauten der Werke waren meiner Meinung nach stark unterschiedlich. Becker-Textor hat hauptsächlich Schriften von Montessori zitiert und ist dann subjektiv und in (meist) kurzer Form darauf eingegangen. Das positive daran war meiner Meinung nach nur ein Punkt, und zwar, dass man dadurch die Möglichkeit erhielt die Perspektive aus erster Hand zu lesen (obwohl diese natürlich übersetzt wurden). Jobst dagegen arbeitete mit mehreren Quellen, was auch am Literaturverzeichnis erkennbar ist. Die unterschiedlichen Belege haben dem Buch mehr Wahrhaftigkeit verliehen und es war interessanter zu lesen als bei Becker-Textor, die sich auf eine Autorin begrenzte. Selbstverständlich ist dies zu erklären, da die Montessori-Pädagogik alleine von Maria Montessori entwickelt wurde und die Reggio-Pädagogik aus mehreren Einflüssen sich zusammenstellte. Jedoch könnte man durch andere AutorInnen, die sich ebenfalls mit Montessori beschäftigten, andere sprachliche Interpretationen erkennen. Ein wichtiger Unterschied bezieht sich auf die Subjektivität der Autorinnen, die sich meiner Meinung nach verschieden darstellte. Im Werk von Becker-Textor konnte man sofort am Anfang ihre vollkommene Zuwendung zu Montessori erkennen. Sie äußerte sich ausschließlich positiv gegenüber dem Ansatz und verweigerte kritische Meinungen zu Montessori. Auch Jobst hatte keine Kritik in ihrem Werk verwendet, jedoch erschien mir ihr Buch etwas objektiver bzw. nicht so sehr von der eigenen Subjektivität betroffen. Erwähnenswert wäre auch, dass Montessori nicht über die sozialen Herkünfte und Schichten gesprochen hat. Jobst dagegen hat dies mittels Zitate deutlich gemacht und sprach somit Familien aus anderen Ländern an oder die Akzeptanz verschiedener sozioökonomischer Schichten. Die gewählten Zitate von Montessori waren meiner Meinung nach manchmal etwas überflüssig und passten nicht zum Kontext, bzw. waren zu sehr an anderen Theorien fixiert. Jobst dagegen hat aus meiner Sicht gute Belege gefunden, die im kontextuellen Zusammenhang gut aufeinander abgestimmt waren.

5. Empfehlungen

Empfehlung für das Buch „Maria Montessori – Zehn Grundsätze des Erziehens"
Insgesamt ist das Werk von Becker-Textor ein guter Einstieg, um sich mit den Methoden von der Montessori-Pädagogik auseinanderzusetzen. Durch den großen Bestand der zitierten Passagen wird der Ansatz umso detaillierter zum Vorschein gebracht. Demzufolge würde ich das Buch für Eltern und Erziehungsberechtigte als empfehlenswert bezeichnen, jedoch dazu sagen, dass für ein konkretes Verständnis ich persönlich mich mit mehr Literatur zu Montessori beschäftigt hätte. Auch für Studierende der Erziehungs- und Bildungswissenschaft aber auch für Studierende aus anderen pädagogischen Studiengängen ist dieses Werk ein guter Einstieg. Aus wissenschaftlicher Perspektive fehlen mir die dazugehörigen Fakten, welche nicht nur auf der Beobachtung basieren. Meiner Meinung nach könnte man die Passagen der Herausgeberin nicht in wissenschaftlichen Arbeiten zitieren oder verwenden, da diese sehr von der Subjektivität betroffen sind. Generell ist das Buch leicht zu lesen, gut erhältlich und preislich im möglichen Bereich (Kauf am 10.02.21 für 5,80 Euro).

Empfehlung für das Buch „Inklusive Reggio-Pädagogik"

Auch hier ist zu sagen, dass Sabine Jobst einen sehr guten Einstieg in das Thema geleistet hat. Zwar würde es sicherlich noch mehr zu erzählen geben, wenn es um das Thema der allgemeinen Reggio-Pädagogik geht, aber der Schwerpunkt liegt ja nicht zu übersehen in der Inklusion. Dieses Werk ist nicht nur Für Eltern und Erziehungsberechtigte mit beeinträchtigten Kindern zu empfehlen, sondern auch für Erziehende mit nicht beeinträchtigten Kindern. Ebenfalls würde ich das Buch für Studierende aus den gleichen Fachbereichen empfehlen, aber auch hier betonen, dass ich persönlich mit zusätzlicher Literatur gearbeitet hätte. Generell war die geschichtliche Perspektive interessant zu erfahren und den Index für Inklusion kennenzulernen. Das Buch ist ebenfalls leicht zu lesen und liegt auch im möglichen Preisbereich (Kauf am 10.02.21 für 11,30 Euro).

Literaturverzeichnis

Becker-Textor, I. (Hrsg.) (2010): Maria Montessori - Zehn Grundsätze des Erziehens (3. Aufl.). Herder Verlag: Freiburg

Eintrag "Montessori, Maria" in Munzinger Online/ Personen - Internationales Biographisches Archiv
URL: http://www.munzinger.de/document/00000001451 (abgerufen am: 30.3.2021)

Jobst, S. (2007): Inklusive Reggio-Pädagogik. Projekt Verlag: Bochum/ Freiburg

Knüppel, H. (Hrsg.): Bibliothek der GründerInnen. Bibliographische Annäherungen an die Gründerinnen und Gründer der professionellen Sozialarbeit. Hochschulbibliothek: Fachhochschule Potsdam